# Oracle Divinatoire De l'Amour

Posez une question et connectez-vous aux vérités de l'amour.

Célestia DeLuna

Dépôt Légal Mai 2024

ISBN : 9798324612122

# SOMMAIRE

De la même autrice

#### Bienvenue sur le Chemin de l'Amour

# *Chère lectrice, cher lecteur,*

En tenant ce livre entre vos mains, vous entamez un voyage des plus sacrés et personnels — un voyage au cœur de l'amour. L'« Oracle Divinatoire de l'Amour » n'est pas simplement un guide ; c'est une porte ouverte sur les profondeurs de vos sentiments, de vos relations et de votre cœur. Ce livre a été conçu avec l'espoir de vous accompagner dans la découverte de l'amour sous toutes ses formes, de vous aider à comprendre ses mystères, et surtout, de vous guider vers une plus grande harmonie dans vos relations amoureuses.

## La Genèse de l'Oracle

Mon parcours dans la création de cet oracle a été inspiré par mes propres recherches de sens et de connexion dans le domaine de l'amour. Chaque page, chaque mot, chaque image ici présente a été soigneusement choisi pour résonner avec la quête universelle de l'amour et de la compréhension. L'amour est l'énergie qui nous unit tous, et pourtant, il reste l'un des aspects les plus complexes et difficiles de l'expérience humaine. C'est dans cette complexité que l'oracle cherche à apporter de la clarté.

## Votre Compagnon de Voyage

Ce livre est plus qu'un ensemble d'images et de messages ; il est votre compagnon sur le chemin de l'amour. Que vous soyez en quête de l'âme sœur, que vous cherchiez à approfondir une relation existante, ou que vous désiriez renforcer l'amour propre, cet oracle a été conçu pour répondre à vos questions les plus profondes et vous offrir des insights précieux. À travers les pages suivantes, vous trouverez non seulement des orientations et des conseils, mais également des réflexions qui vous permettront de méditer sur vos expériences passées et présentes.

## Préparer Votre Espace

Avant de commencer à utiliser cet oracle, je vous invite à préparer un espace qui favorise la réflexion et l'introspection. Trouvez un lieu calme où vous ne serez pas dérangé, un endroit où vous pourrez vous détendre et vous concentrer pleinement. Cela pourrait être un coin de votre chambre, un espace dans votre salon, ou même un endroit en plein air. L'important est de choisir un lieu qui vous parle et où vous vous sentez à l'aise.

Dans cet espace, vous pourrez créer un autel ou un arrangement spécial qui inclut des objets qui symbolisent l'amour pour vous. Cela pourrait être des photographies de personnes que vous aimez, des cristaux comme le quartz rose ou la kunzite, des bougies, des fleurs, ou toute autre chose qui évoque l'amour et la connexion.

## Comment Utiliser Cet Oracle

Utiliser cet oracle est un processus simple mais profond. Commencez par vous centrer et calmer votre esprit par quelques respirations profondes. Quand vous vous sentez prêt, posez une question claire et ouverte. Il est important que votre question ne soit pas formulée pour obtenir un simple oui ou non, mais plutôt pour explorer plus profondément les aspects de votre vie amoureuse que vous souhaitez éclaircir ou améliorer.

Prenez le livre en main tout en pensant à votre question, puis sélectionnez une page (ou plusieurs, selon votre intuition) de l'oracle. Chaque page représente une facette de l'expérience amoureuse et offre des perspectives et des conseils en réponse à votre interrogation. Prenez le temps de réfléchir à la signification de la page t à la manière dont elle se rapporte à votre situation personnelle.

## Développer Votre Pratique Personnelle

Au fur et à mesure que vous utilisez l'oracle, vous découvrirez des thèmes et des conseils qui résonnent particulièrement avec vos expériences. Je vous encourage à tenir un journal de vos tirages. Notez la date, la question posée, la message tiré, et vos réflexions ce message. Ce journal deviendra un outil précieux pour suivre votre croissance personnelle dans le domaine de l'amour.

L'amour est un voyage, pas une destination. Chaque message tiré, chaque page tournée, est une étape de ce voyage. Ce livre est conçu pour vous accompagner, vous illuminer et vous inspirer alors que vous naviguez dans les eaux parfois tumultueuses de l'amour. Puissiez-vous trouver dans ces pages la sagesse, le confort et la guidance que vous cherchez.

Avec tout mon cœur,

*Célestia DeLuna*

# Créer Votre Espace Sacré d'Amour

Bienvenue dans le chapitre qui vous guide à travers la création d'un espace sacré dédié à l'amour. Pour tirer le meilleur parti de votre expérience avec l'Oracle Divinatoire de l'Amour, il est essentiel de créer un environnement qui résonne avec les énergies de l'amour et de la sérénité. Cet espace ne servira pas seulement de lieu pour vos consultations oraculaires, mais aussi de sanctuaire pour votre propre réflexion et croissance personnelle.

## Choix de l'Emplacement

Le choix du lieu pour votre espace sacré d'amour doit être intuitif et personnel. Optez pour un endroit dans votre habitation où vous vous sentez naturellement à l'aise et en paix. Cela peut être un petit coin dans votre chambre, un espace dédié dans votre salon, ou même un lieu en extérieur, comme un jardin ou un balcon, où vous pouvez vous sentir connecté à la nature.

## Purification de l'Espace

Avant de commencer à utiliser votre espace, il est important de le purifier pour éliminer les énergies négatives et créer un environnement propice à une énergie positive. Vous pouvez utiliser de la sauge ou du palo santo pour fumer l'espace, en vous assurant de laisser une fenêtre ouverte pour que la fumée et les énergies négatives puissent s'échapper. Alternativement, les sons d'un bol chantant ou d'un carillon peuvent également nettoyer l'espace par vibrations.

## Éléments Symboliques

Votre espace sacré doit inclure des éléments qui symbolisent l'amour et qui ont une signification personnelle pour vous. Considérez les éléments suivants :

- ***Les Cristaux :*** Le quartz rose est connu pour attirer et maintenir l'amour, tandis que l'améthyste peut aider à calmer l'esprit et à ouvrir le cœur. Placez ces cristaux autour de votre espace pour amplifier les énergies amoureuses.
- ***Les Icônes ou images*** : Des photos de couples heureux, des icônes de divinités associées à l'amour (comme Aphrodite ou Freyja), ou des peintures de cœurs peuvent renforcer visuellement l'intention de l'amour.
- ***Les Bougies :*** Choisissez des bougies de couleur rose ou rouge pour symboliser la passion et l'affection. Les bougies non seulement créent une ambiance apaisante

mais peuvent aussi être utilisées pour focaliser vos intentions lors de la méditation.

- ***Les Fleurs :*** Les roses rouges ou roses, ou d'autres fleurs qui évoquent l'amour pour vous, peuvent ajouter de la beauté naturelle à votre espace et servir d'offrande à l'amour dans votre vie.
- ***Les Tissus :*** Drapez votre table ou votre autel avec des nappes de couleurs douces, comme le rose pâle ou le blanc, pour ajouter une touche de douceur et de confort.

## Création d'une Atmosphère

L'atmosphère de votre espace sacré doit inviter à la tranquillité et à la réflexion. Pensez à intégrer des éléments qui stimulent tous les sens :

- ***Le Son :*** Une petite fontaine ou des enregistrements de sons naturels, comme des chants d'oiseaux ou le bruit des vagues, peuvent aider à créer une ambiance de détente.
- ***L'Odeur :*** Utilisez des huiles essentielles ou des encens qui évoquent l'amour, comme la rose, le jasmin ou le ylang-ylang, pour parfumer votre espace et stimuler un sentiment de romantisme et de bien-être.
- ***Le Toucher :*** Intégrez des textures qui vous font vous sentir confortable et choyé, comme des coussins

moelleux ou un tapis doux sous vos pieds.

## Maintenir l'Espace

Maintenir la pureté et la sanctification de votre espace sacré est crucial. Nettoyez régulièrement l'espace physiquement et énergétiquement, et prenez le temps de réarranger ou de remplacer les éléments selon vos intuitions et les changements dans votre vie amoureuse.

En suivant ces étapes pour créer et maintenir votre espace sacré d'amour, vous construisez un puissant sanctuaire personnel où vous pouvez explorer les profondeurs de vos émotions et forger des liens plus forts avec l'Oracle Divinatoire de l'Amour. Ce lieu deviendra un véritable pilier dans votre quête de sagesse et de compréhension dans les affaires du cœur.

# Comprendre l'Oracle Intuitif

Bienvenue au cœur de votre "Oracle Divinatoire de l'Amour". Cet oracle n'est pas seulement un recueil de conseils, c'est un outil dynamique de découverte personnelle conçu pour vous guider à travers les complexités des relations amoureuses. Pour utiliser cet oracle de manière efficace, il est essentiel de comprendre non seulement comment il fonctionne, mais aussi la philosophie qui sous-tend son utilisation.

***L'Essence de l'Oracle :*** Au sein de cet oracle, chaque page est imprégnée d'intentions et de significations spécialement conçues pour éclairer les divers aspects de l'amour. Les messages sont formulés pour résonner avec des situations et des états émotionnels variés, vous aidant à naviguer depuis les eaux calmes de l'affection naissante jusqu'aux tempêtes parfois tumultueuses des relations établies.

***Les Symboles et Leur Interprétation :*** Chaque réponse dans cet oracle utilise des symboles et des métaphores liés à l'amour. Comprendre ces symboles est crucial pour interpréter les réponses de manière appropriée. Par exemple, le cœur peut représenter l'amour passionné, tandis qu'une rose pourrait symboliser la fragilité et la beauté des relations.

***L'Intuition Comme Guide :*** Votre intuition joue un rôle central dans l'utilisation de cet oracle. C'est par elle que vous pourrez faire le lien entre les messages généraux de l'oracle et les détails spécifiques de votre propre situation de vie. Apprendre à écouter et à faire confiance à votre intuition est donc une partie intégrante de la compréhension de votre oracle.

***Utiliser le "Oracle Divinatoire de l'Amour"*** est un processus simple mais profond qui demande de l'introspection et de l'ouverture. Voici comment vous pouvez engager activement avec cet oracle pour maximiser son potentiel de guidage dans vos quêtes amoureuses.

La Préparation : Avant de poser une question à l'oracle, assurez-vous que vous êtes dans un état d'esprit calme et centré. Retournez dans votre espace sacré, allumez peut-être une bougie et prenez quelques respirations profondes pour aligner votre énergie avec celle de l'oracle.

La Formulation de la Question: Formulez votre question de manière ouverte, évitant les questions fermées qui se répondent par oui ou non. Par exemple, au lieu de demander "Est-ce que je vais rencontrer l'amour bientôt ?", demandez "Que puis-je faire pour ouvrir mon cœur à l'amour ?". Ceci permet une réponse plus nuancée et introspective.

Le Choix de la Page: Tenez le livre fermé entre vos mains, concentrez-vous sur votre question et lorsque vous vous sentez prêt.e, ouvrez intuitivement le livre à une page. La réponse sur cette page est celle que l'oracle vous offre en réponse à votre interrogation.

La Réflexion sur la Réponse: Lisez attentivement la réponse et prenez un moment pour méditer sur son application dans votre vie. Comment ce message résonne-t-il avec votre situation actuelle ? Quels nouveaux insights ou quelle inspiration pouvez-vous tirer de ces mots ?

La Journalisation: Il est utile de tenir un journal de vos questions et des réponses de l'oracle. Notez chaque interaction avec l'oracle, y compris vos pensées et sentiments après la lecture. Cela peut vous aider à voir des patterns ou des leçons émerger au fil du temps.

La Répétition et Régularité: L'utilisation régulière de l'oracle peut non seulement vous aider à naviguer dans vos relations actuelles mais aussi à développer une compréhension plus profonde de vos propres modèles amoureux et de votre croissance personnelle.

En comprenant et en utilisant votre "Oracle Divinatoire de l'Amour" de cette manière, vous transformez chaque consultation en une opportunité d'apprentissage et de découverte, enrichissant ainsi votre voyage émotionnel et spirituel dans le domaine de l'amour.

# *Chères âmes en quête d'amour,*

Alors que vous vous apprêtez à feuilleter les pages de ce guide ancien et mystique, sachez que vous ne faites pas simplement tourner des feuilles de papier — vous tournez les pages du destin. Chaque page révèle un fragment du grand tissu cosmique qui tisse vos relations et vos affections.

Au sein de ce livre sacré, chaque mot a été choisi avec soin pour résonner avec les vibrations de l'univers. Ils sont des échos des murmures des étoiles, des secrets chuchotés par le vent nocturne, des confidences partagées par la lune à l'aube. Ce livre est un sanctuaire, un lieu de rencontre entre votre essence mortelle et les vérités éternelles de l'amour cosmique.

Approchez-vous de cet oracle avec respect et humilité, mais aussi avec courage. Ouvrez votre cœur aux possibilités infinies que ces messages détiennent. Laissez-les vous guider à travers les labyrinthes de l'amour, éclairer les ombres de doute, et vous élever vers les sommets de la passion et de la connexion profonde.

Prenez une profonde inspiration. Laissez la sagesse de l'oracle infuser votre être. Et lorsque vous poserez votre question, faites-le avec une intention pure, comme si vous allumiez une bougie dans l'obscurité pour éclairer votre chemin.

Que votre voyage à travers ces pages soit une danse avec le divin, un pas de plus vers l'harmonie de l'âme et le bonheur du cœur. Que chaque réponse vous apporte paix et compréhension, et que chaque doute se dissolve dans la clarté que vous trouvez ici.

Avec amour et lumière,

*Celestia*

# Les Messages de l'Oracle

....

L'amour vous attend au tournant;

soyez prêt.e à ouvrir votre cœur.

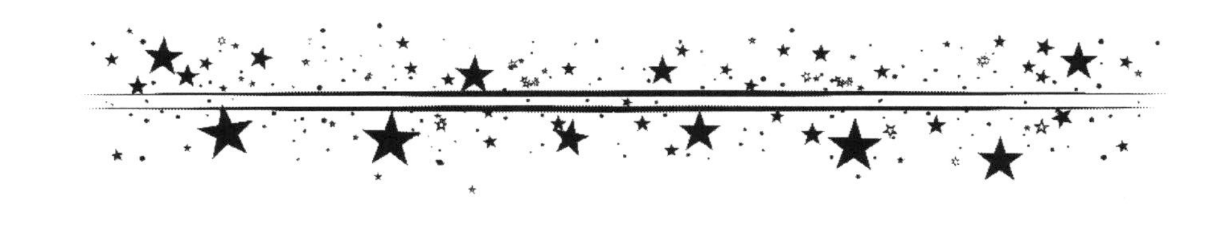

Laissez le passé

derrière vous; un nouveau

chapitre d'amour commence.

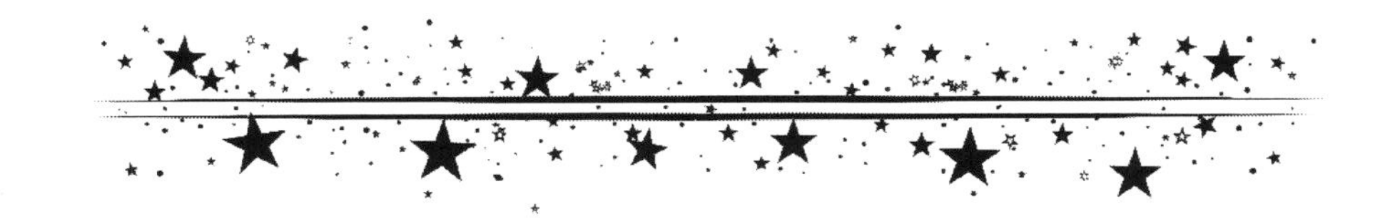

Votre relation actuelle nécessite attention et patience.

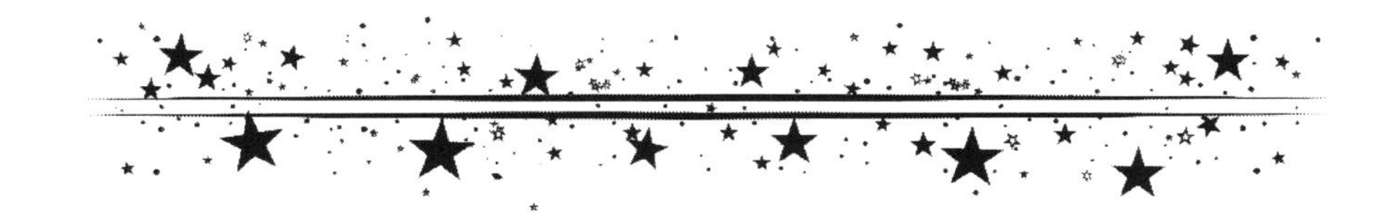

Un amour inattendu va surgir;
soyez ouvert.e aux surprises.

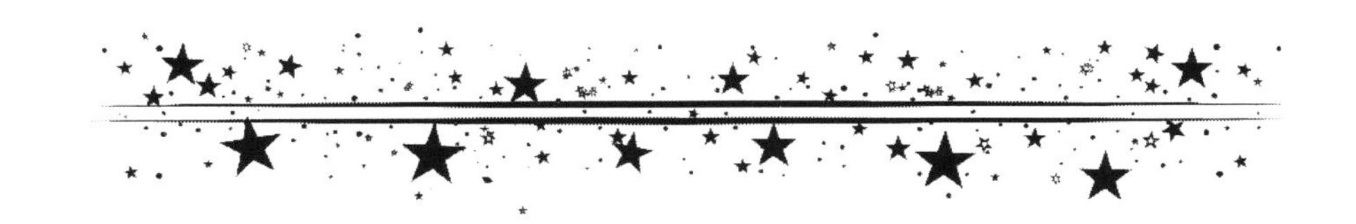

Écoutez plus votre cœur et moins votre esprit en matière de romance.

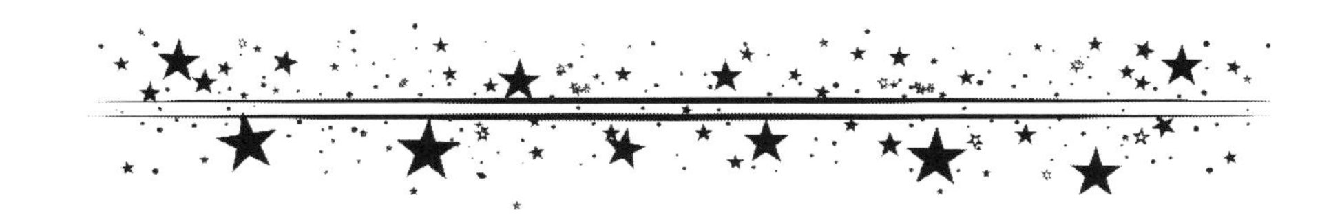

L'amour véritable est proche;
vous devez d'abord
vous aimer vous-même.

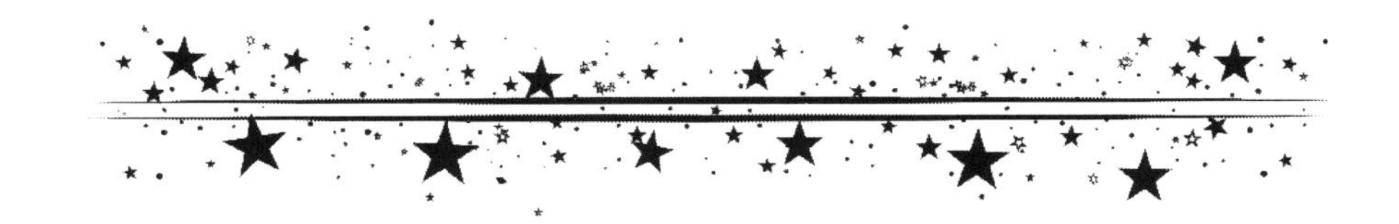

Des moments de joie inattendus
renforceront votre relation.

Soyez clair.e avec vos intentions
pour éviter les malentendus.

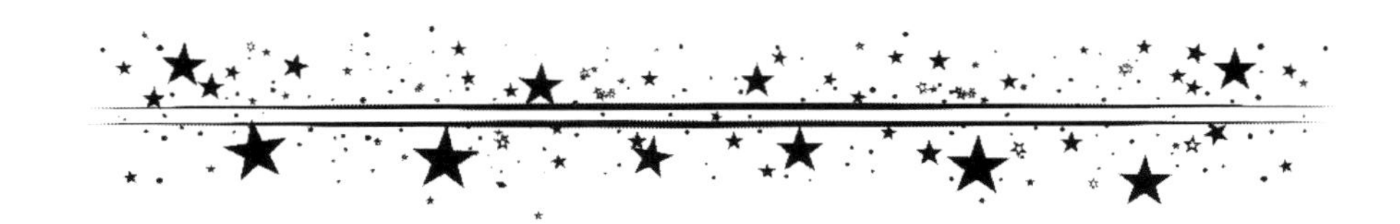

Un ancien amour peut réapparaître, mais est-ce que c'est ce que vous voulez vraiment ?

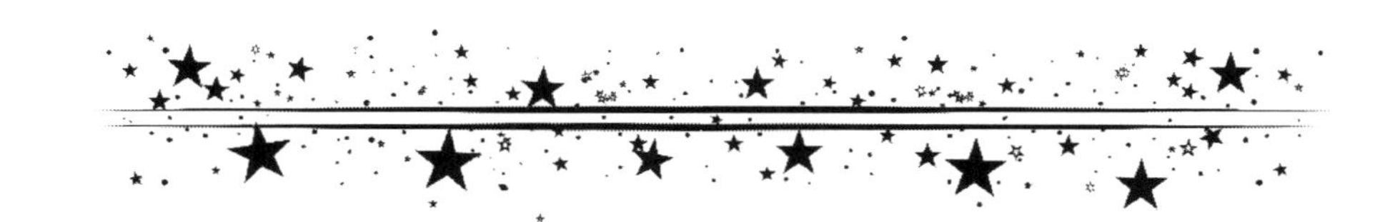

Votre relation actuelle a le potentiel de croître profondément.

Des compromis seront nécessaires pour avancer.

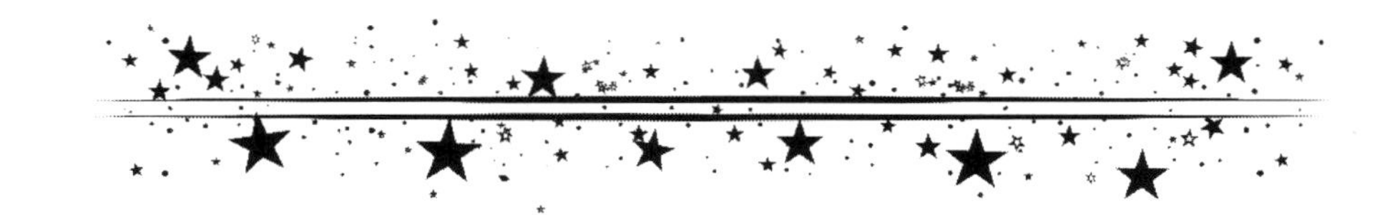

Votre vulnérabilité est une force, pas une faiblesse.

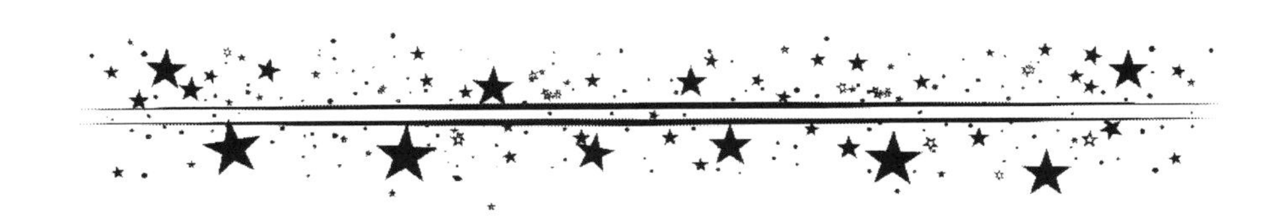

Des conflits à résoudre sont imminents; abordez-les avec compassion.

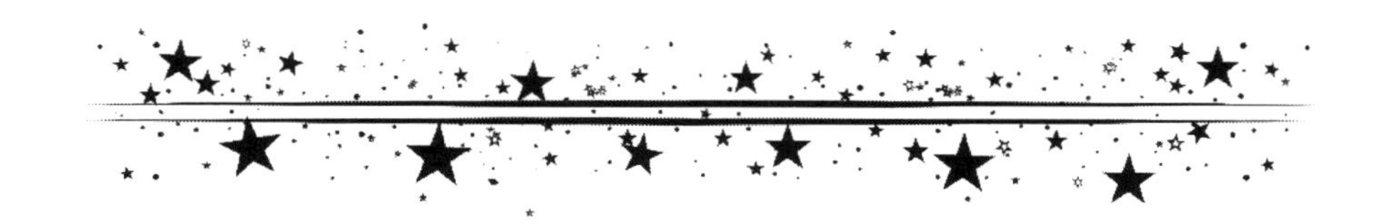

Une période de solitude peut
être nécessaire pour trouver votre
véritable chemin amoureux.

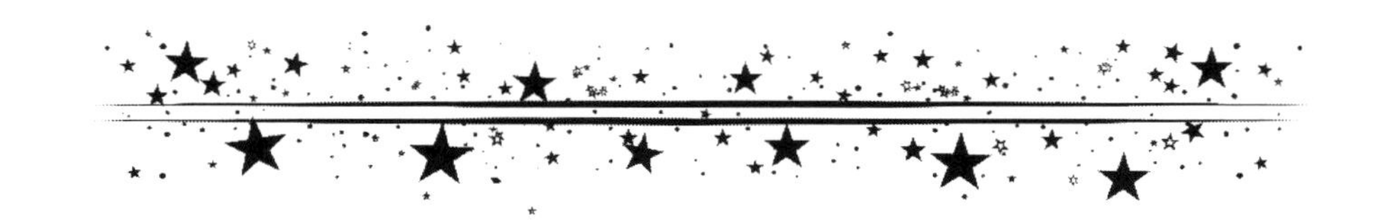

Votre partenaire actuel
est un miroir de vos propres
besoins non exprimés.

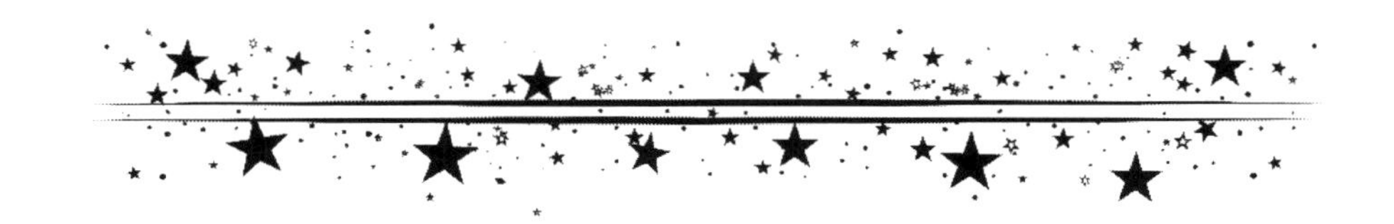

Faites attention à ne pas idéaliser l'amour; restez ancré.e dans la réalité.

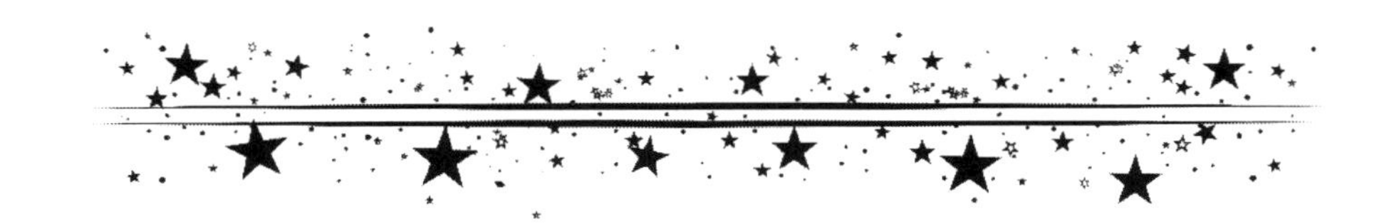

L'amour est tout autour de vous;

ouvrez les yeux.

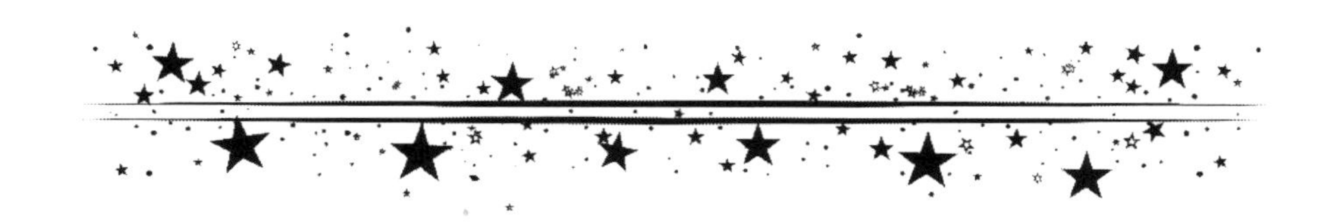

Il est temps de prendre un risque en amour.

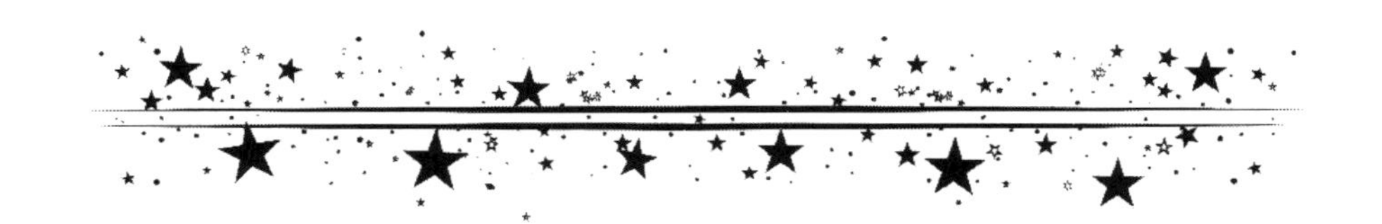

Vos doutes peuvent vous empêcher de voir le véritable amour qui vous entoure.

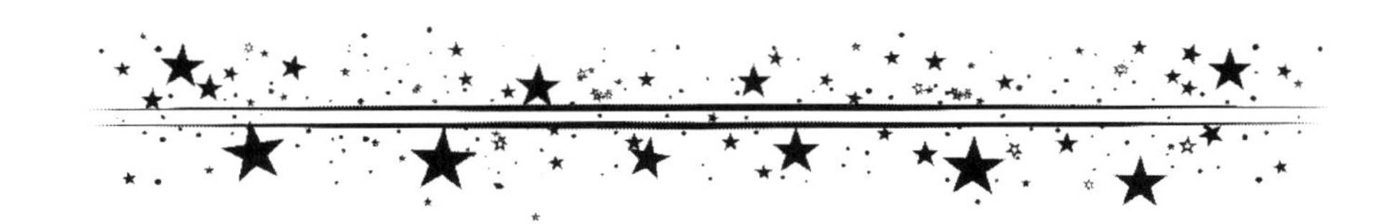

Le pardon peut transformer
votre perspective amoureuse.

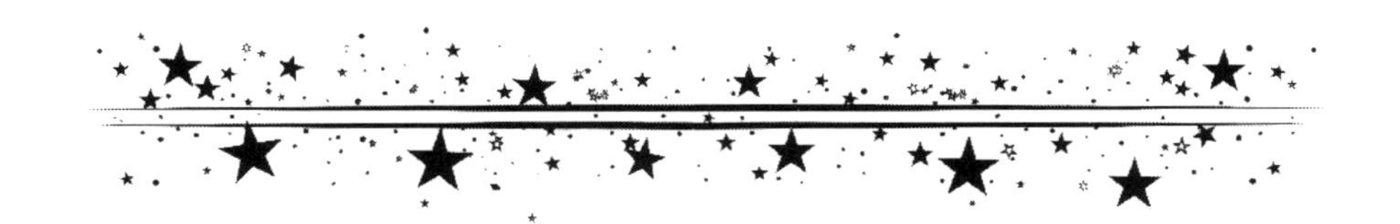

Vous trouverez l'amour

dans des lieux inattendus.

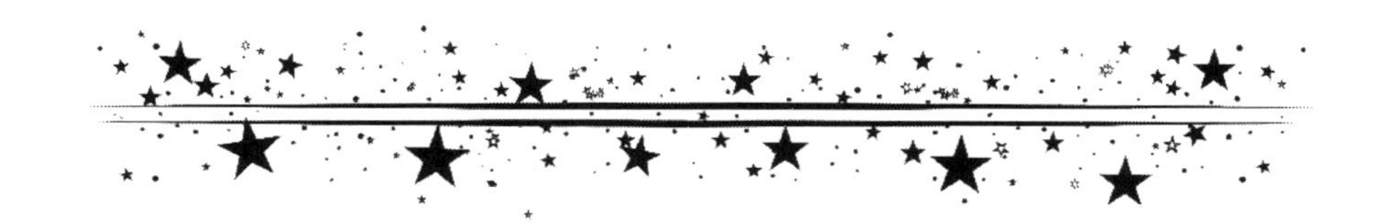

**Soyez patient.e; tout vient à point à qui sait attendre.**

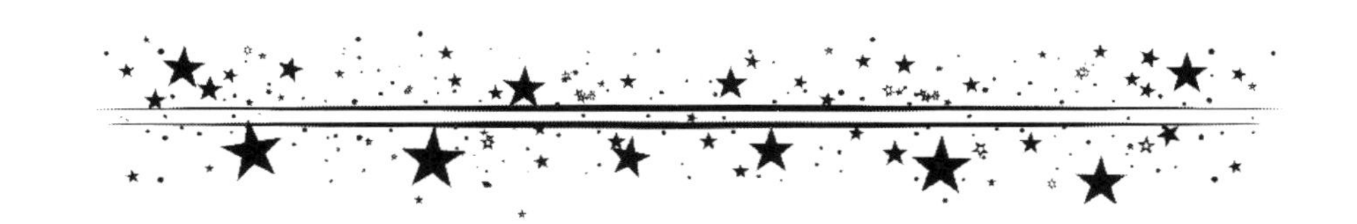

Une nouvelle romance est possible si vous laissez aller les attentes.

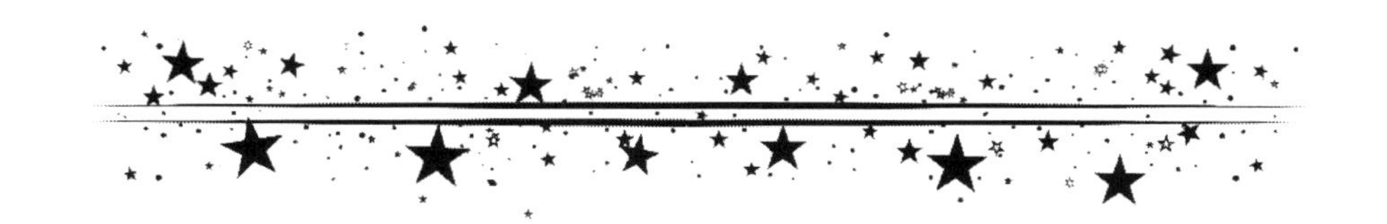

L'acceptation de l'autre est la clé de la longévité de votre amour.

La passion se renouvelle,
préparez-vous à redécouvrir
votre partenaire.

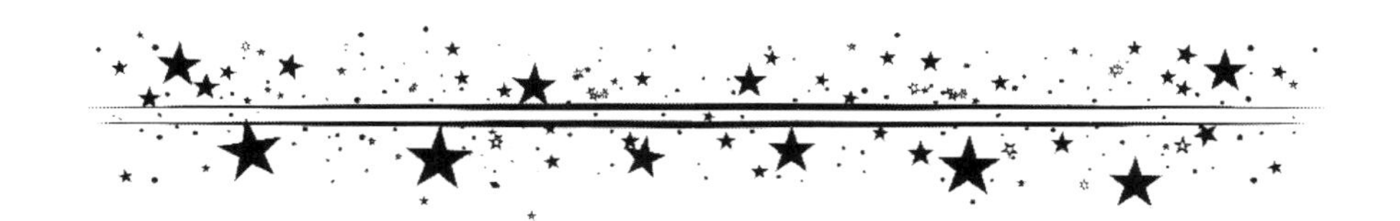

Un choix difficile en
amour est imminent.

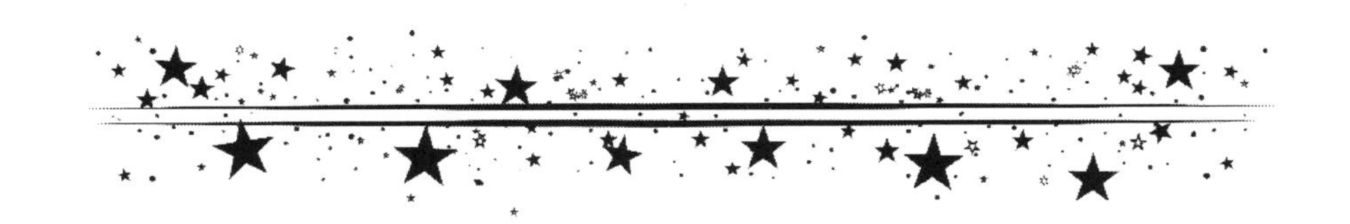

Votre sincérité ouvrira
la porte à une relation
plus profonde.

Une période de stabilité

s'annonce dans

votre vie amoureuse.

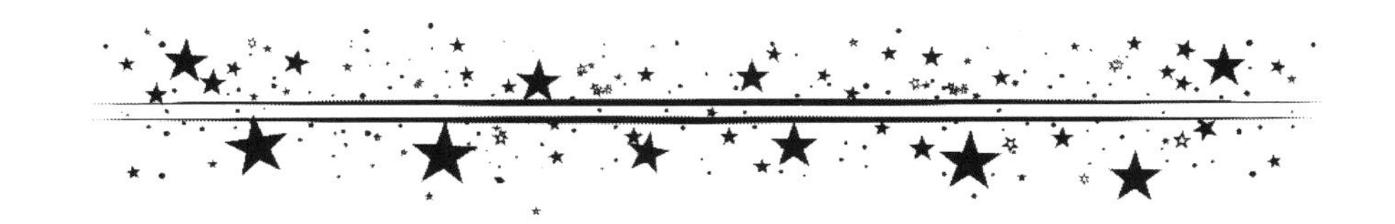

Prenez le temps de vraiment connaître quelqu'un avant de plonger.

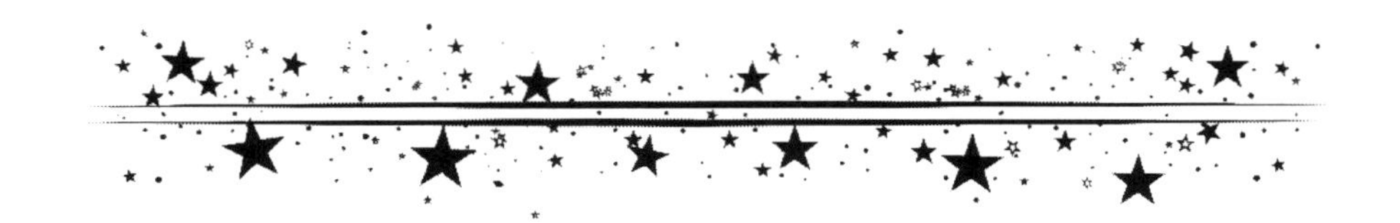

L'amour nécessite aussi de la liberté pour s'épanouir.

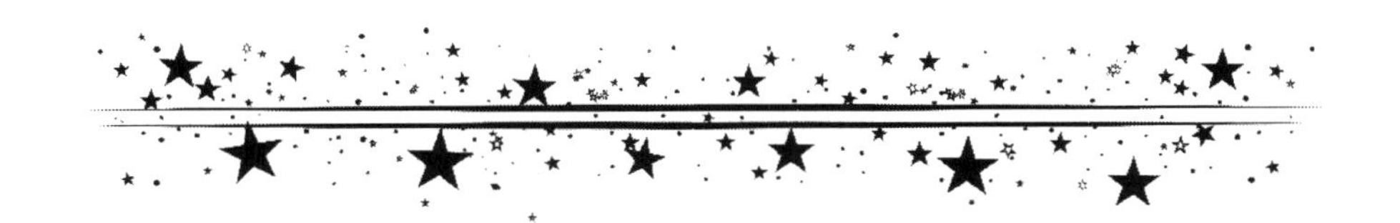

Un engagement plus profond pourrait être à l'horizon.

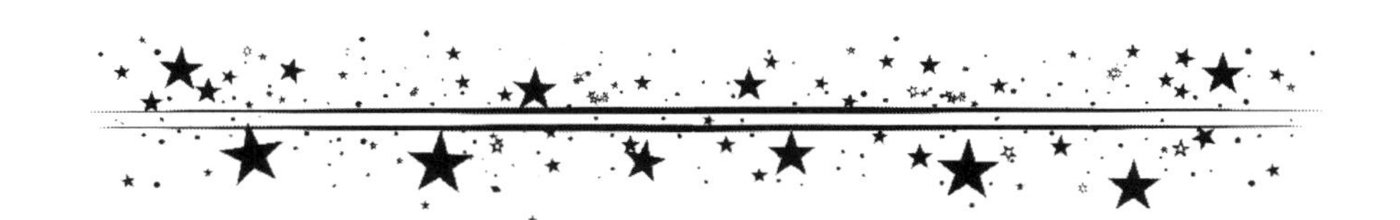

L'intuition est votre meilleure guide dans les relations.

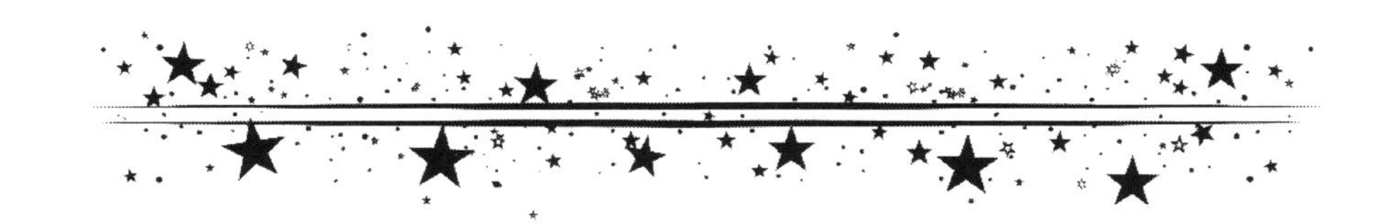

Des secrets pourraient émerger;
soyez prêt à faire face à la vérité.

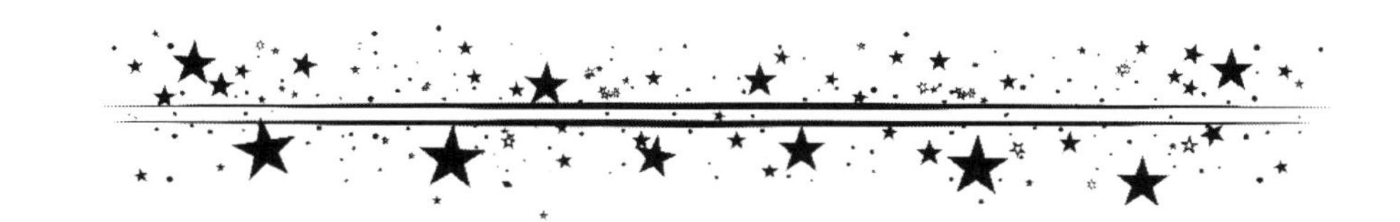

Une romance pourrait être mise
à l'épreuve; restez fidèle
à vos valeurs.

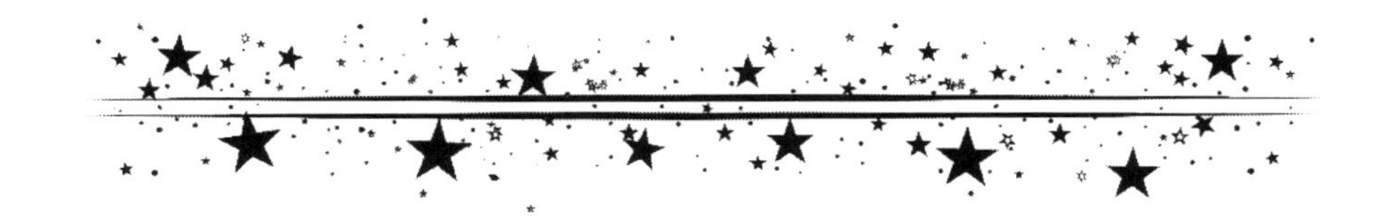

La romance prendra bientôt un tournant plus joyeux.

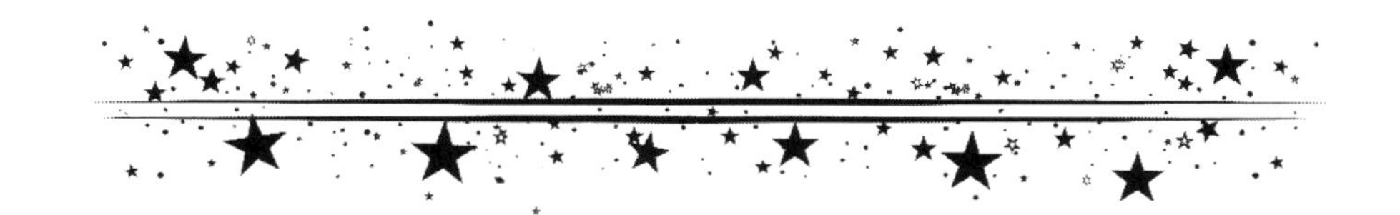

Exprimez vos sentiments ;
cela pourrait changer le cours
de votre relation.

Des tensions pourraient surgir ;
la communication est essentielle.

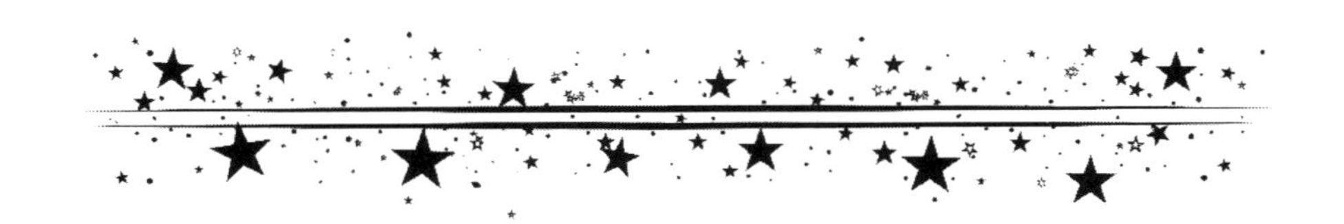

C'est le moment de rêver
plus grand en amour.

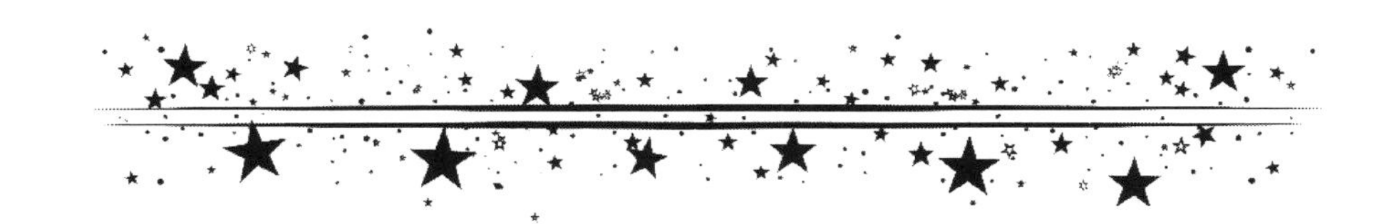

Vous devrez choisir entre
plusieurs options amoureuses.

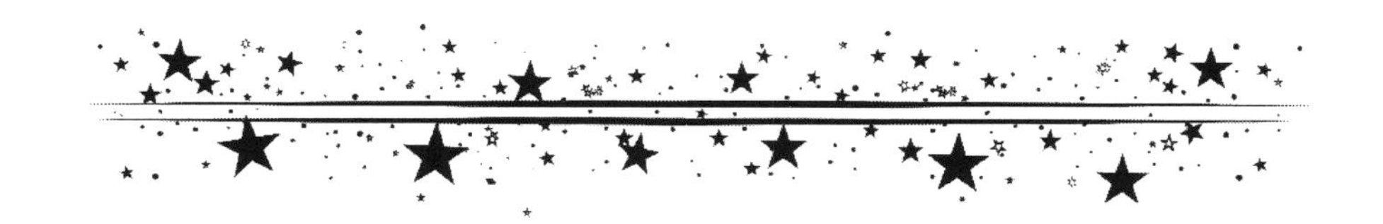

Le respect mutuel est essentiel
pour le développement
de votre amour.

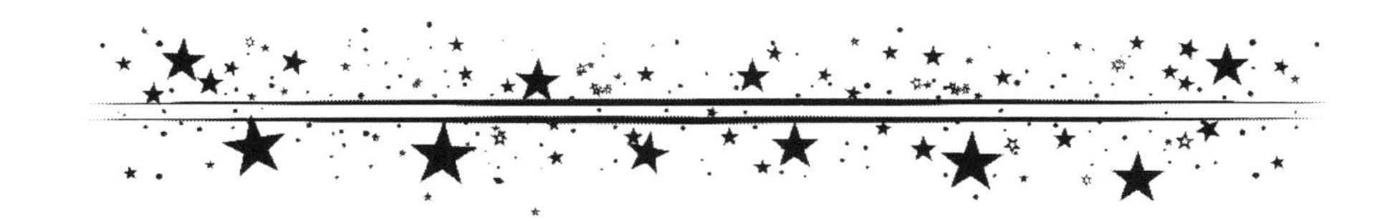

La jalousie pourrait être
un problème ; travaillez
sur la confiance.

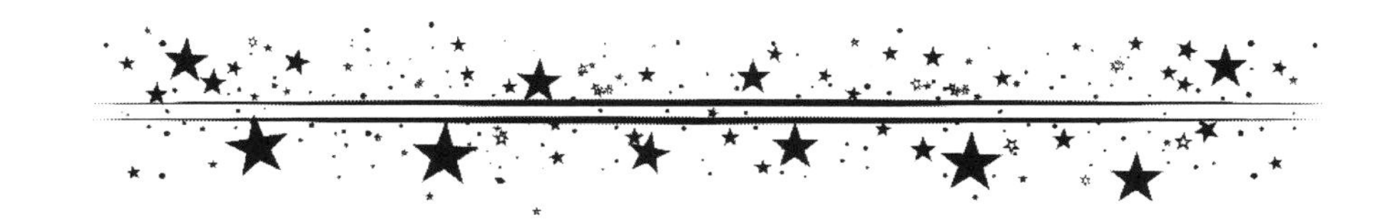

**Votre vie amoureuse est sur le point de devenir plus intense.**

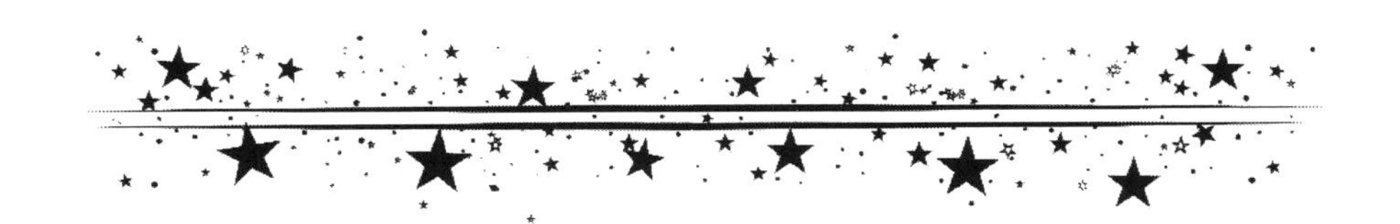

Il est temps de réévaluer ce que vous voulez vraiment en amour.

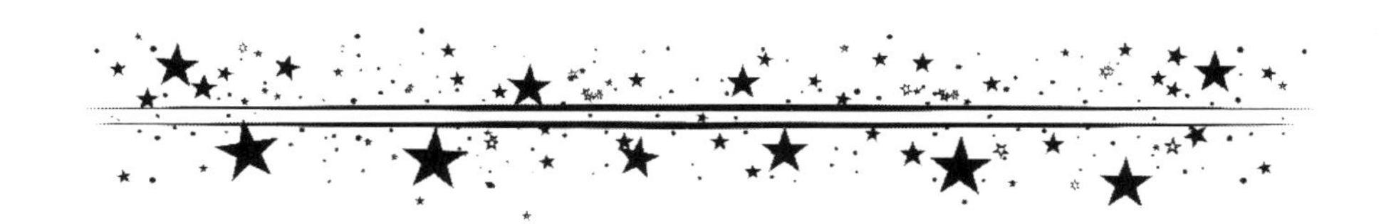

Soyez prudent.e avec les
promesses faites en amour;
elles devraient être testées.

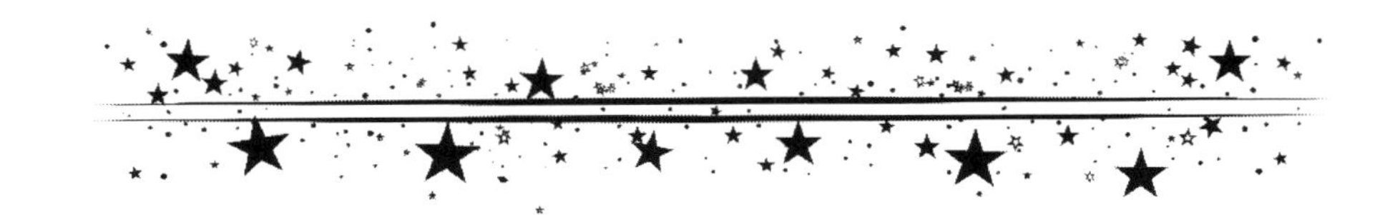

Des changements positifs
sont à prévoir dans
votre vie sentimentale.

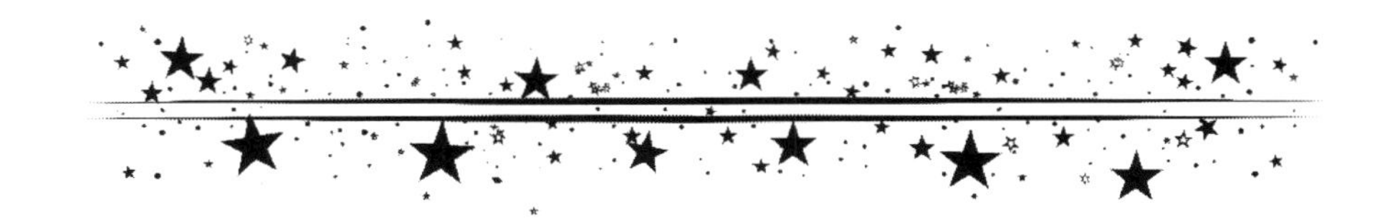

**Un nouvel amour pourrait commencer avec une amitié.**

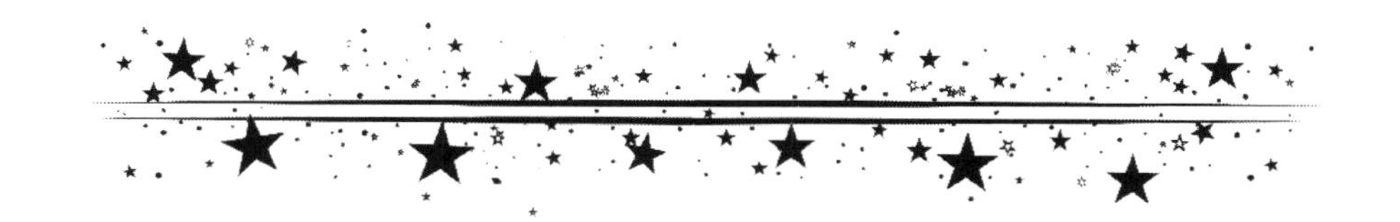

Des malentendus récents trouveront bientôt une résolution.

Votre charme attire l'attention ;

soyez prêt.e pour

de nouvelles rencontres.

Soyez honnête avec vos
sentiments pour éviter
les regrets plus tard.

Un geste romantique pourrait fortifier votre relation actuelle.

**Une période de guérison est nécessaire pour avancer.**

Prenez le temps de comprendre les besoins de votre partenaire.

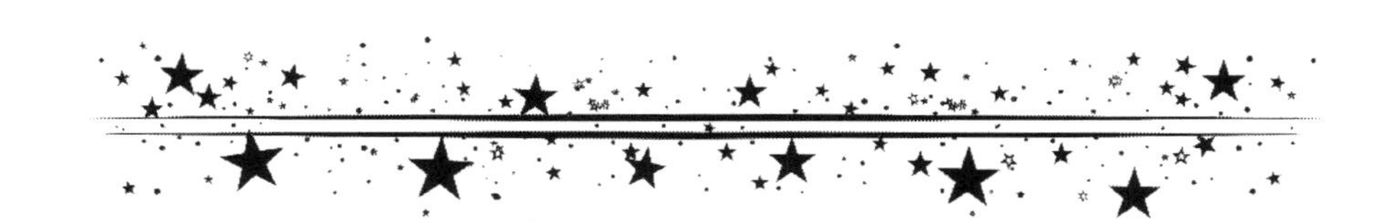

Votre vie amoureuse pourrait bénéficier d'une nouvelle approche.

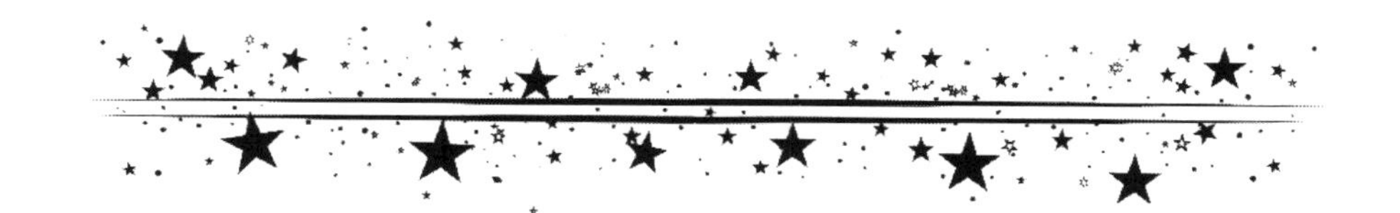

Un événement crucial pourrait

être le catalyseur

d'une nouvelle romance.

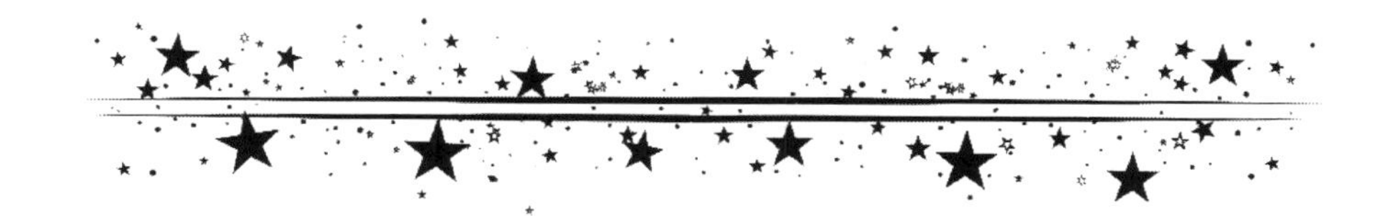

Prenez soin de votre partenaire comme vous le feriez pour vous-même.

Un amour de jeunesse
pourrait refaire surface.

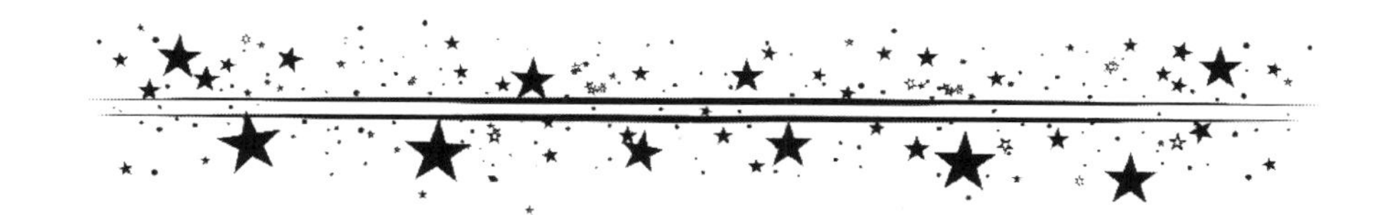

Il est important de fixer des
limites claires en amour.

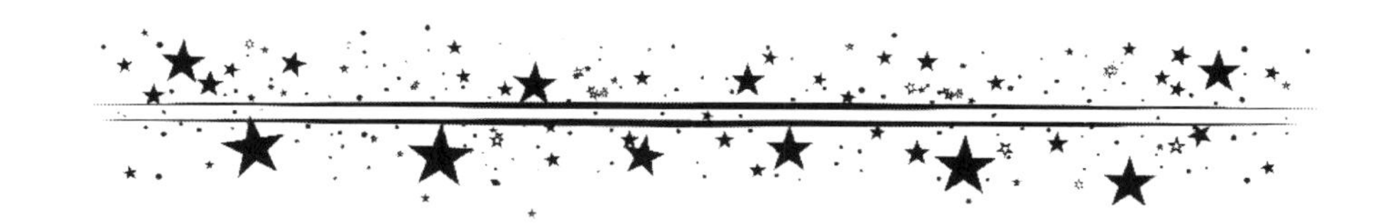

Les actions parlent plus
fort que les mots en amour.

Votre confiance en l'amour sera bientôt récompensée.

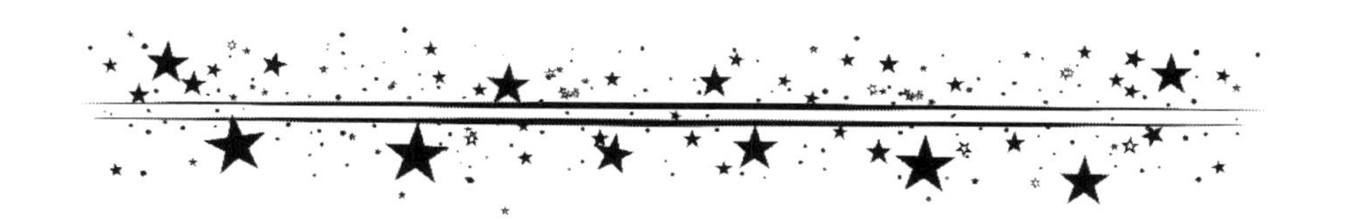

Il est temps de mettre fin à une relation qui ne vous sert plus.

La romance exige de la créativité pour rester vivante.

**Vous êtes sur le point de comprendre ce que l'amour signifie vraiment pour vous.**

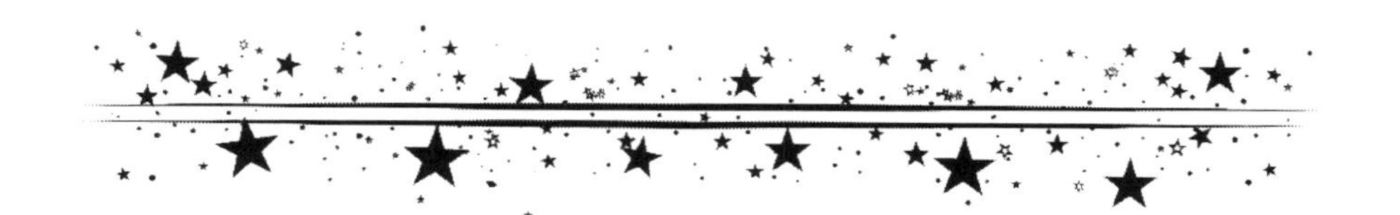

Une surprise en amour est imminente ; restez ouvert.e

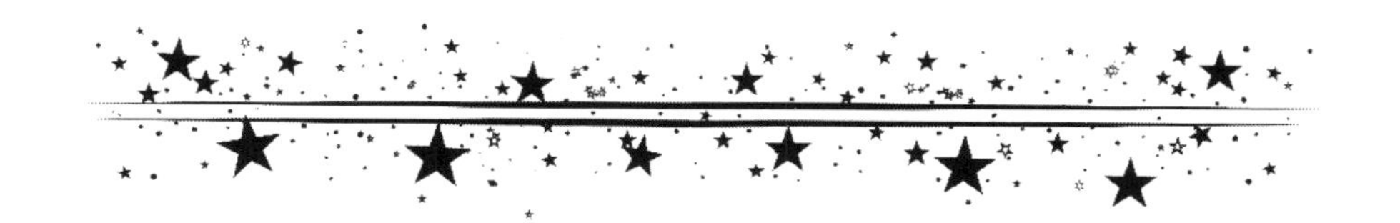

Les vraies couleurs de quelqu'un seront révélées ; soyez attentif.

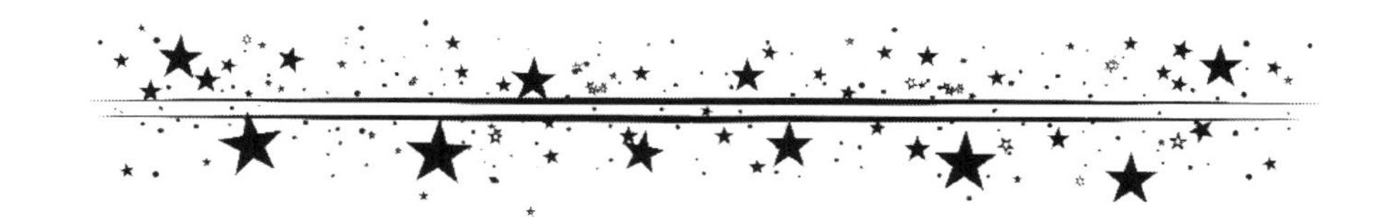

Une discussion importante
pourrait définir l'avenir
de votre relation.

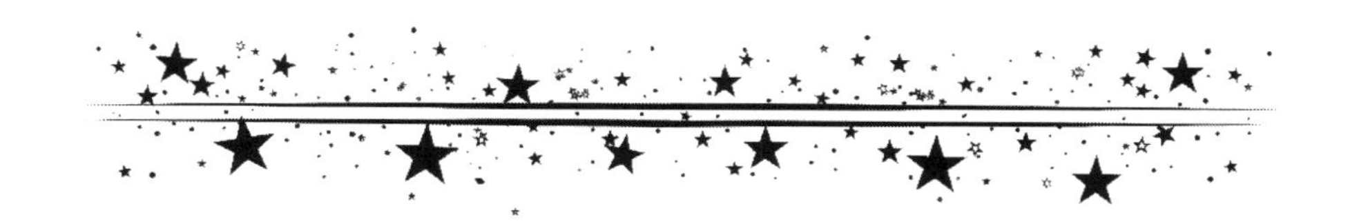

Il est temps de se réconcilier avec un amour perdu.

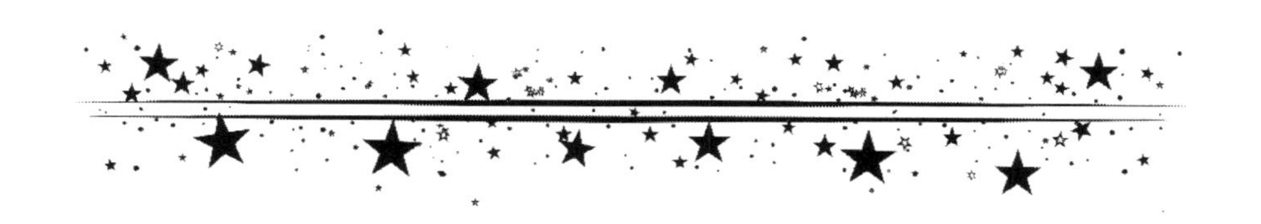

Vous pourriez ressentir un fort désir de liberté en amour.

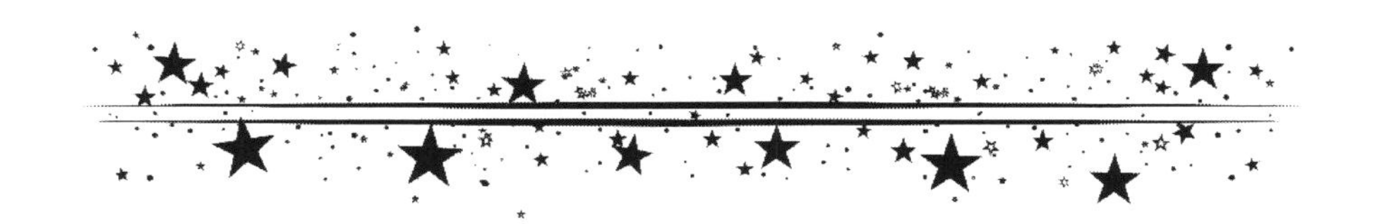

Une déclaration d'amour
pourrait changer tout.

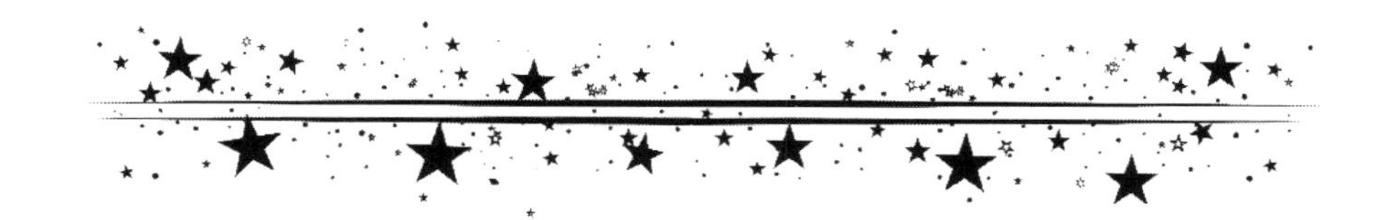

Faites confiance à l'amour pour vous guider à travers les défis.

Un soutien inattendu vient de votre partenaire.

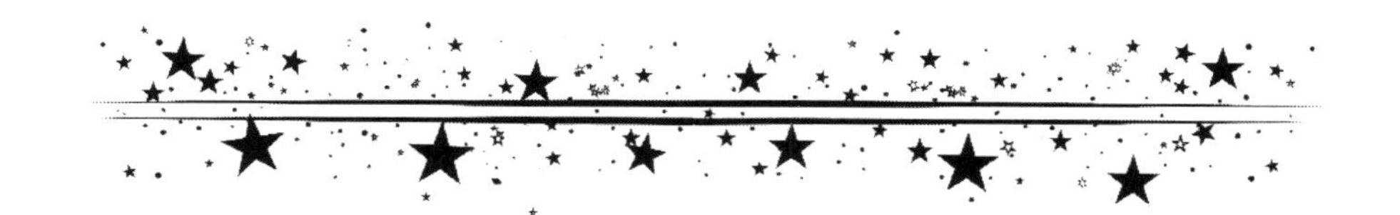

Il est temps de célébrer
votre relation.

Une introspection profonde améliorera votre vie amoureuse.

L'amour demande parfois
de faire des sacrifices.

Une rencontre fortuite pourrait se transformer en romance.

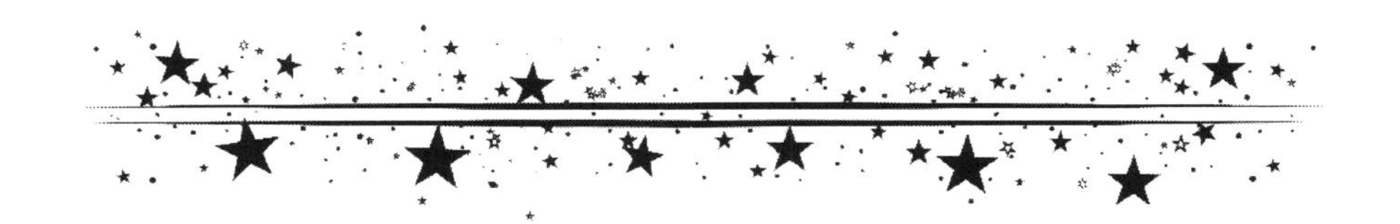

Prenez des décisions amoureuses basées sur la paix intérieure.

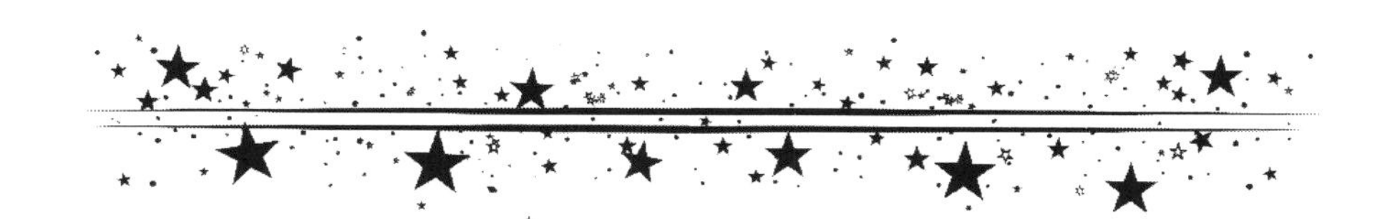

Il est important d'exprimer clairement vos désirs en amour.

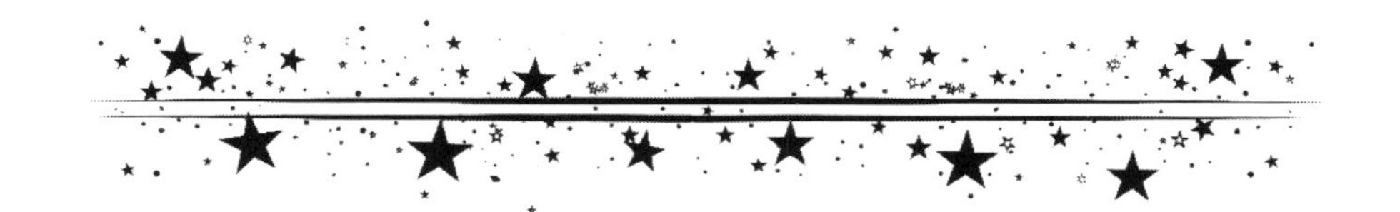

Faites preuve de patience ;
l'amour évolue avec le temps.

Une vieille querelle pourrait être résolue, ouvrant la voie à l'amour.

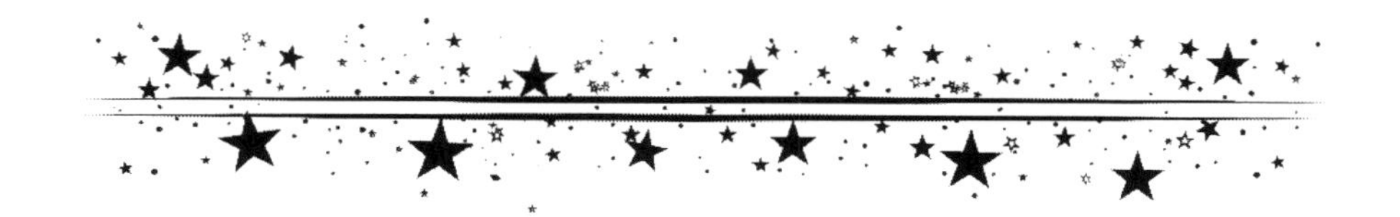

Soyez audacieuse /. audacieux
en amour ; cela pourrait
se révéler payant.

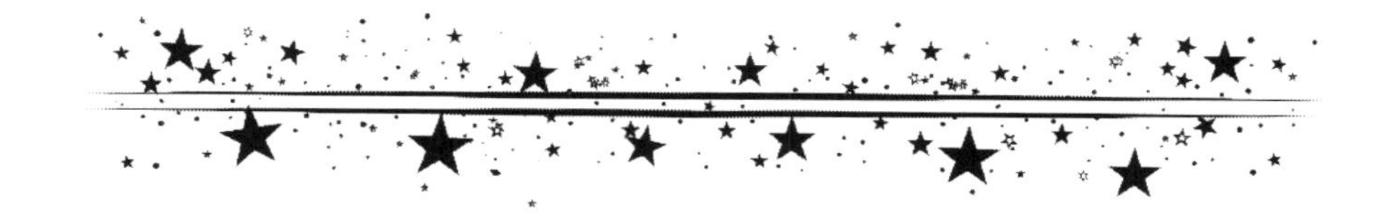

Votre empathie sera la clé pour surmonter les défis relationnels.

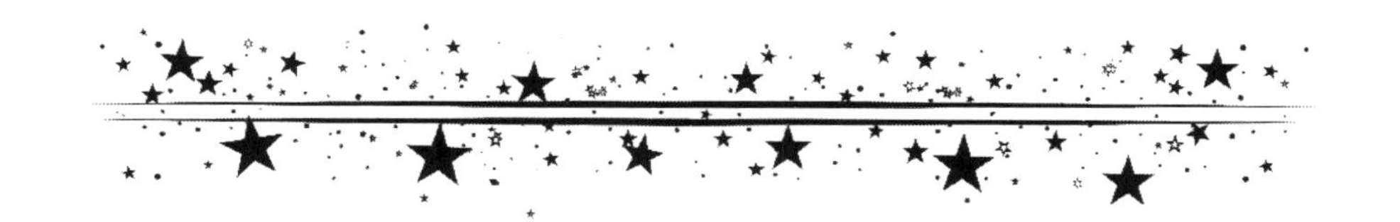

Il pourrait être temps de
renouveler votre engagement
envers votre partenaire.

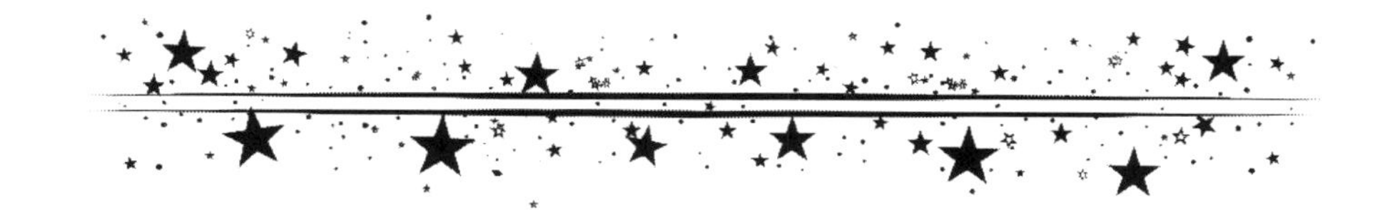

Une réflexion sur ce que vous apportez à une relation pourrait être révélatrice.

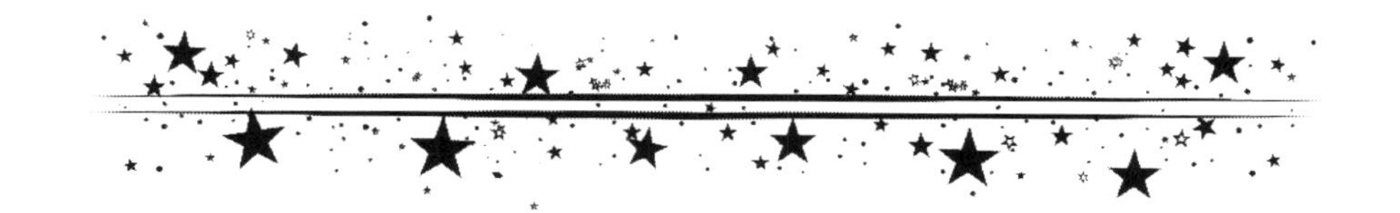

Une décision amoureuse pourrait avoir des répercussions inattendues.

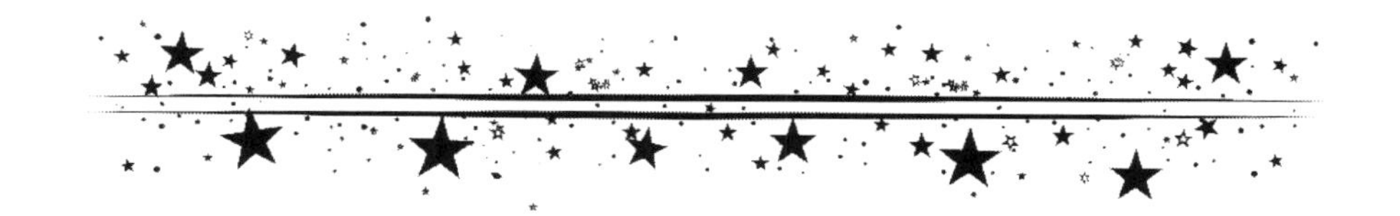

Votre capacité à pardonner
sera testée.

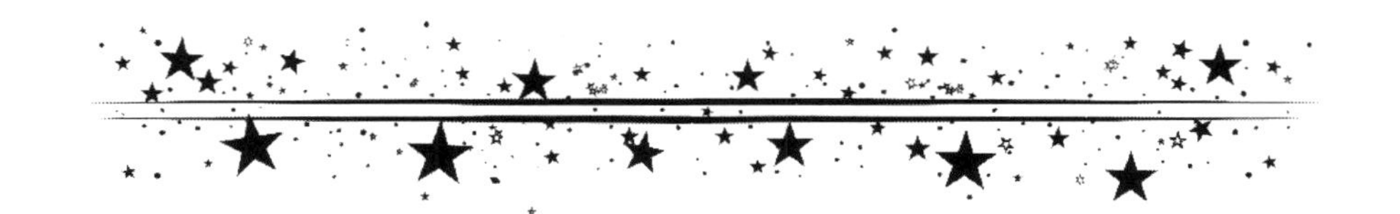

Un nouvel intérêt amoureux
pourrait vous inciter
à réévaluer vos priorités.

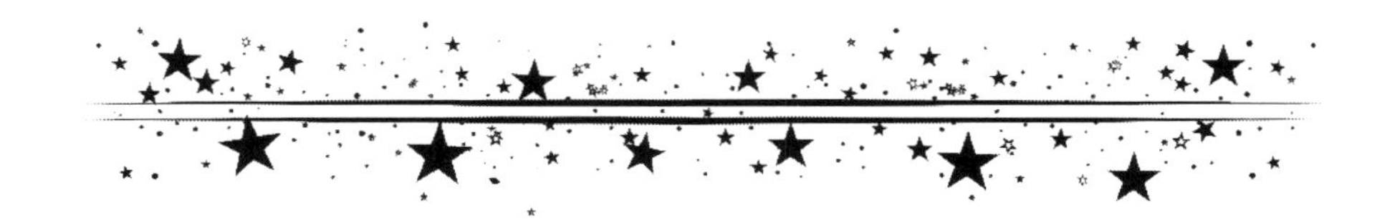

Des sentiments non exprimés
doivent être libérés pour avancer.

Votre vie amoureuse
pourrait bénéficier d'un peu
plus de spontanéité.

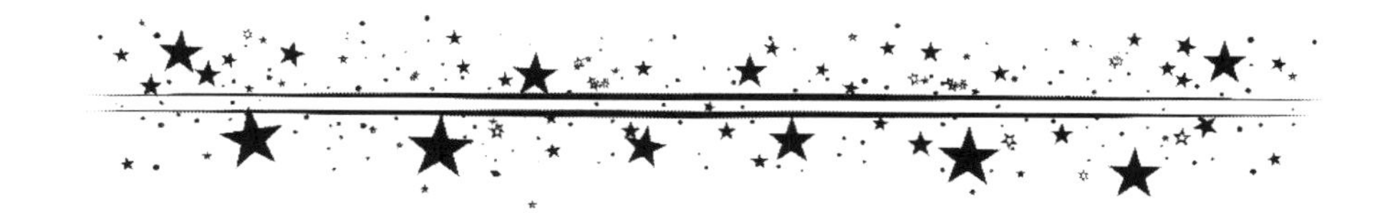

Une leçon importante en amour
est sur le point d'être apprise.

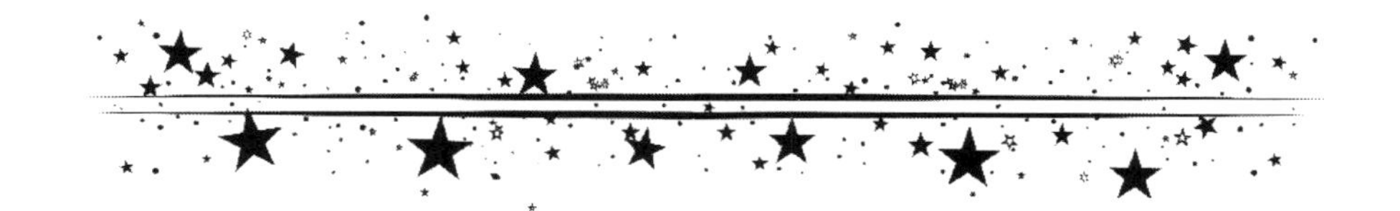

Vous pourriez être appelé.e à agir comme médiatrice / médiateur dans une dispute amoureuse.

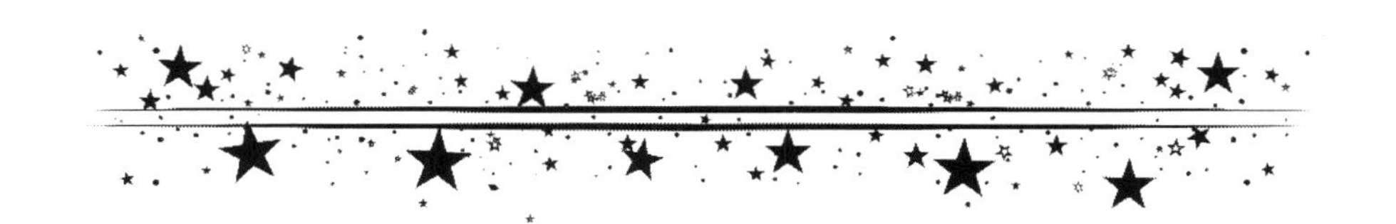

L'amour peut vous demander
de surmonter vos peurs
les plus profondes.

**Il est temps de se concentrer sur l'amour de soi pour attirer l'amour des autres.**

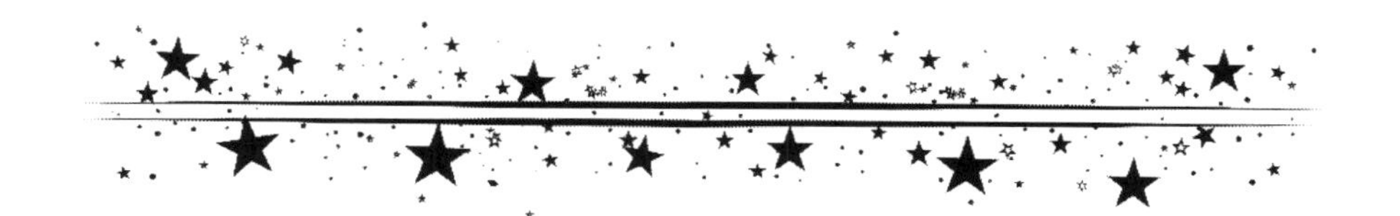

Vous pourriez ressentir une connexion instantanée avec quelqu'un de nouveau.

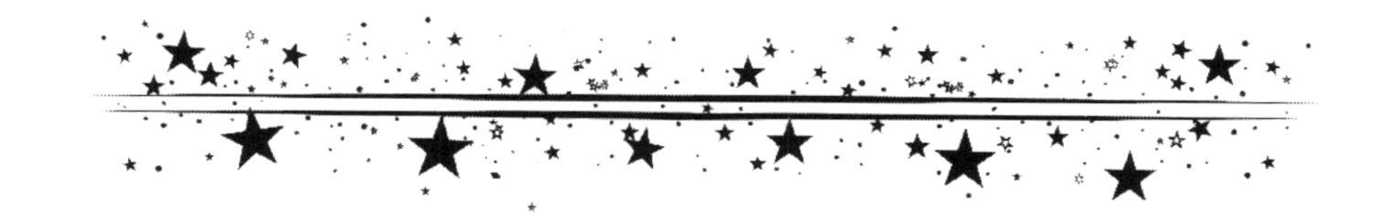

Les défis en amour sont là
pour vous fortifier,
pas pour vous briser.

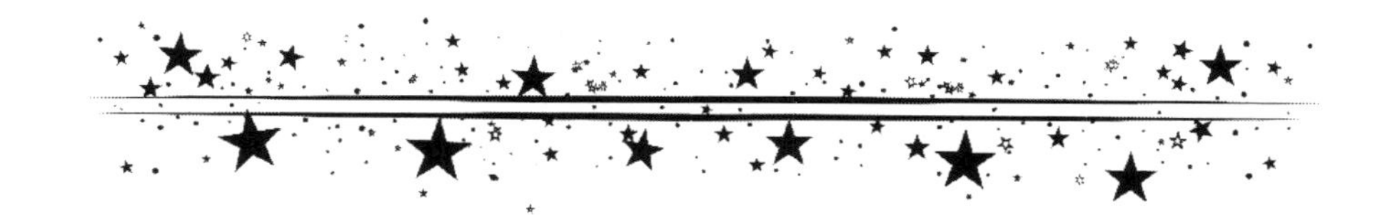

**Prenez le temps de célébrer les petites victoires en amour.**

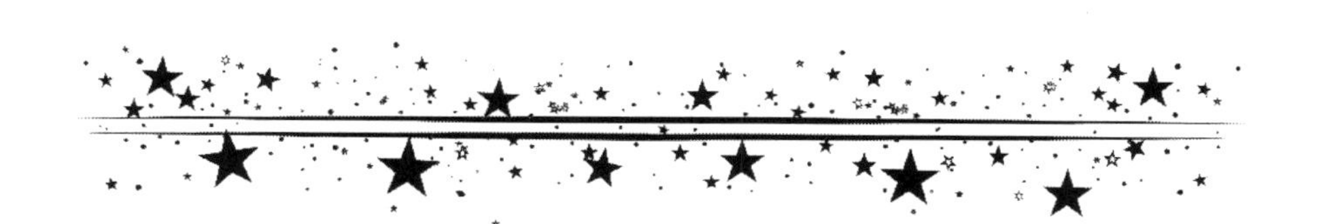

L'amour peut vous demander de regarder au-delà des apparences.

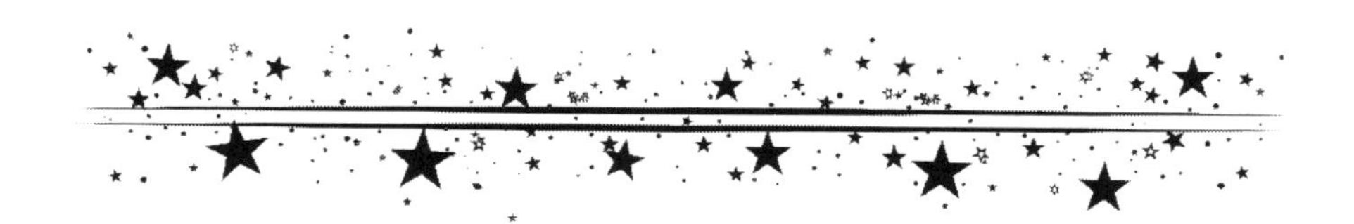

Soyez prêt.e pour un renouveau romantique qui pourrait changer votre perspective sur l'amour.

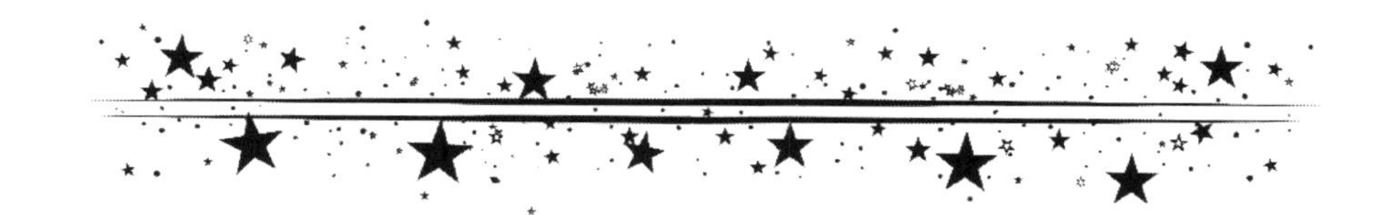

# Chère Lectrice, cher Lecteur

Alors que vous refermez les pages de ce voyage à travers les arcanes de l'amour, je tiens à vous remercier du fond du cœur pour avoir choisi de parcourir ce chemin avec moi et l'Oracle Divinatoire de l'Amour. Chaque mot écrit dans ce livre a été pensé pour résonner, éclairer et, espérons-le, inspirer. Votre compagnie dans cette aventure a été le plus grand des cadeaux.

La création de ce livre a été un voyage en soi, rempli de découvertes, d'inspirations, et d'instantanés de vie capturés à travers le prisme de l'oracle. Savoir que ces pages ont trouvé un écho en vous m'apporte une joie immense et un sentiment de connexion profonde.

Dans l'esprit de partage et de communauté qui anime ce livre, je vous invite à laisser un avis ou un commentaire sur la page du livre. Votre feedback ne se limite pas à aider un auteur à créer plus ; il sert de phare pour d'autres lecteurs en quête de lumière ou de guidance. Vos mots peuvent illuminer le chemin de quelqu'un d'autre, tout comme j'espère que les miens ont pu éclairer le vôtre.

Chaque avis compte, peu importe sa longueur. Qu'il s'agisse

d'une révélation que vous avez eue, d'une citation qui vous a touché, ou simplement de votre ressenti général, votre partage contribue à la magie collective de la lecture et de la découverte. Il aide également à donner vie à de futurs projets, ensemencer de nouvelles idées, et à continuer de tisser ensemble les fils de nos histoires partagées.

Merci pour votre temps, votre esprit, et maintenant, votre voix. Que le chemin que vous avez parcouru ici vous accompagne avec lumière et sagesse, jusqu'à ce que nos chemins se croisent à nouveau dans les pages d'une future aventure.

Avec toute ma gratitude et mes meilleurs vœux,

*Célestia DeLuna*

Printed in France by Amazon
Brétigny-sur-Orge, FR